CONSTRUCTION

DES

CANAUX ET DES CHEMINS DE FER

ATLAS

CONSTRUCTION

DES

CANAUX ET DES CHEMINS DE FER

HISTOIRE CRITIQUE DES TRAVAUX EXÉCUTÉS

DANS LES VOSGES

AU CHEMIN DE FER DE PARIS A STRASBOURG

ET AU CANAL DE LA MARNE AU RHIN

ANALYSE DÉTAILLÉE ET CLASSEMENT MÉTHODIQUE

DES DÉPENSES FAITES POUR CES TRAVAUX

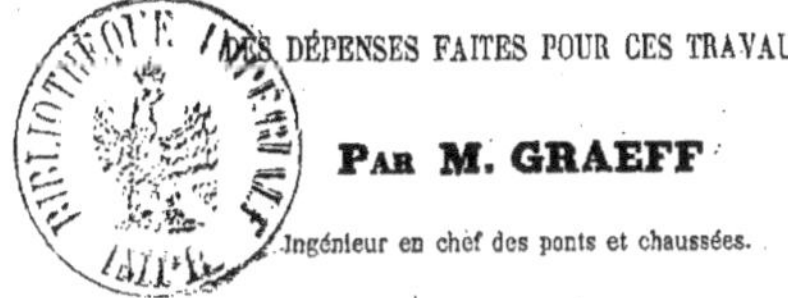

PAR M. GRAEFF

Ingénieur en chef des ponts et chaussées.

ATLAS

PARIS

LIBRAIRIE SCIENTIFIQUE, INDUSTRIELLE ET AGRICOLE

DE E. LACROIX

15, QUAI MALAQUAIS, 15.

1861

Planche A.

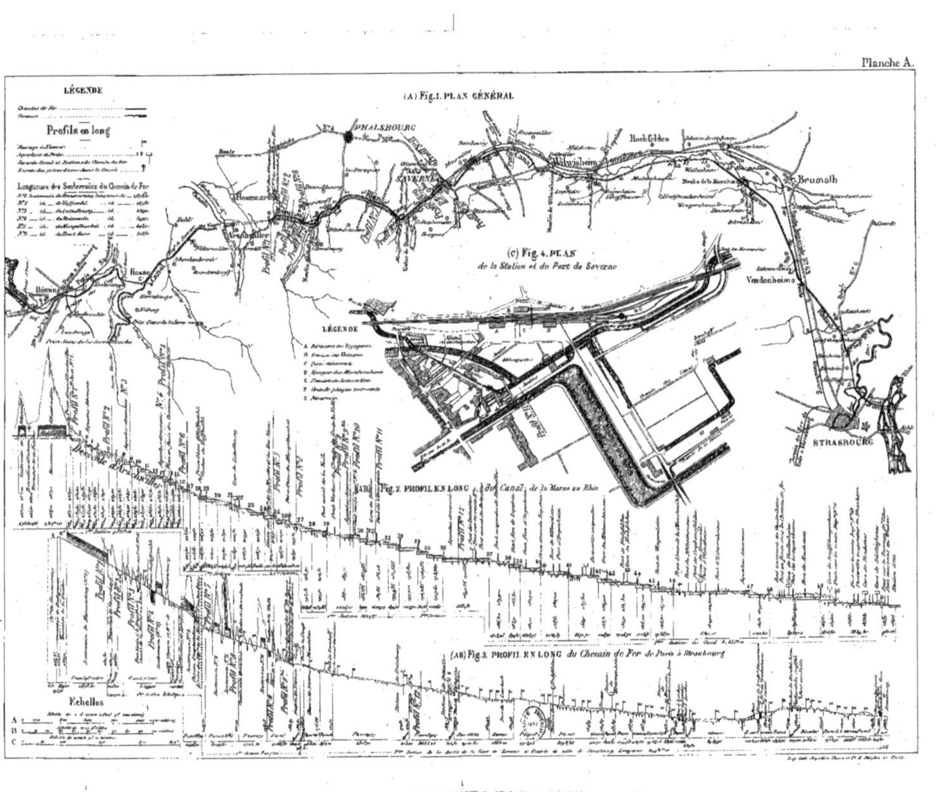
LÉGENDE
Profils en long
(A) Fig.1. PLAN GÉNÉRAL
PHALSBOURG
SAVERNE
Hochfelden
Brumath
Vendenheim
STRASBOURG
(C) Fig. 4. PLAN
de la Station et du Port de Saverne
LÉGENDE
(AB) Fig. 2. PROFIL EN LONG du Canal de la Marne au Rhin
(AB) Fig. 3. PROFIL EN LONG du Chemin de Fer de Paris à Strasbourg
Echelles

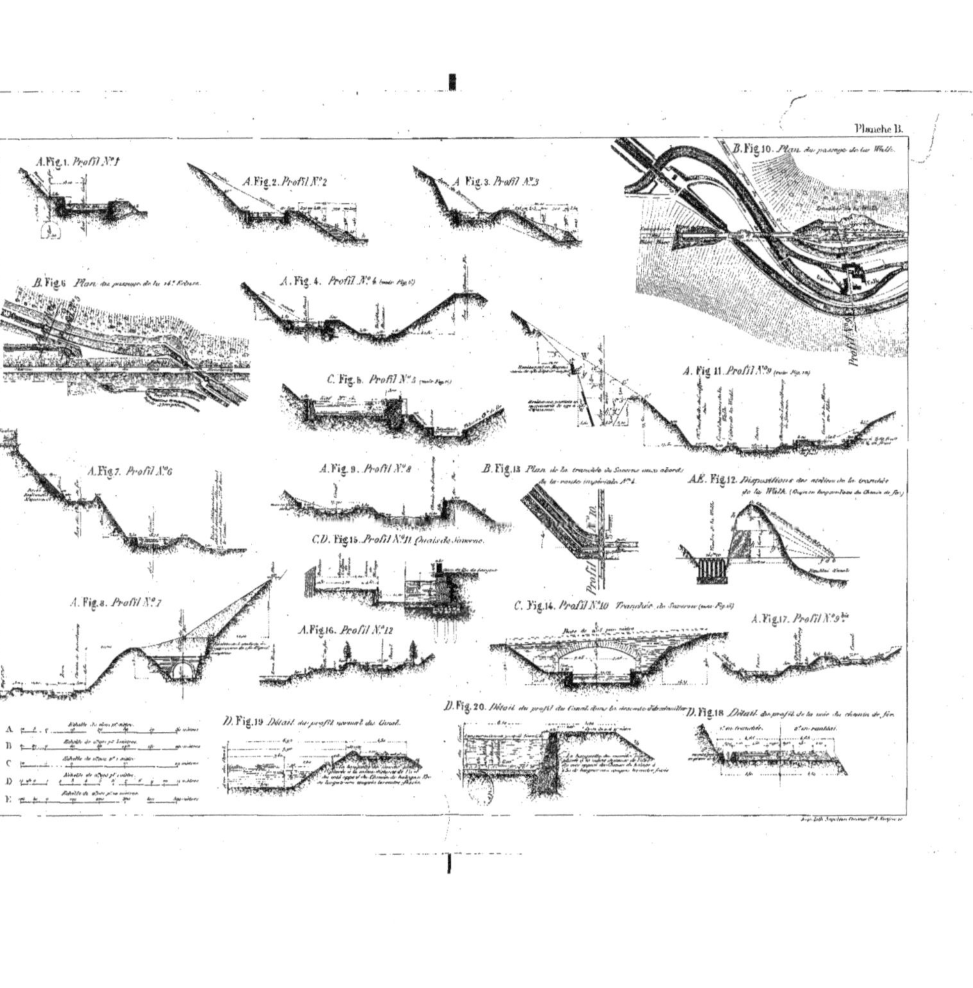
Planche B.
A. Fig. 1. Profil N° 1
A. Fig. 2. Profil N° 2
A. Fig. 3. Profil N° 3
B. Fig. 10. Plan du passage de la Walk.
B. Fig. 6. Plan du passage de la 14e Ecluse.
A. Fig. 4. Profil N° 4
C. Fig. 5. Profil N° 5
A. Fig. 11. Profil N° 9
A. Fig. 7. Profil N° 6
A. Fig. 9. Profil N° 8
B. Fig. 13. Plan de la tranchée de Saverne aux abords de la route impériale N° 4.
A.E. Fig. 12. Dispositions des talus de la tranchée de la Walk.
C.D. Fig. 15. Profil N° 11 Quais de Saverne.
A. Fig. 8. Profil N° 7
A. Fig. 16. Profil N° 12
C. Fig. 14. Profil N° 10 Tranchée de Saverne
A. Fig. 17. Profil N° 9 bis
D. Fig. 19 Détail du profil normal du Canal.
D. Fig. 20. Détail du profil du Canal dans les descentes d'écluses
D. Fig. 18 Détail du profil de la voie du chemin de fer.

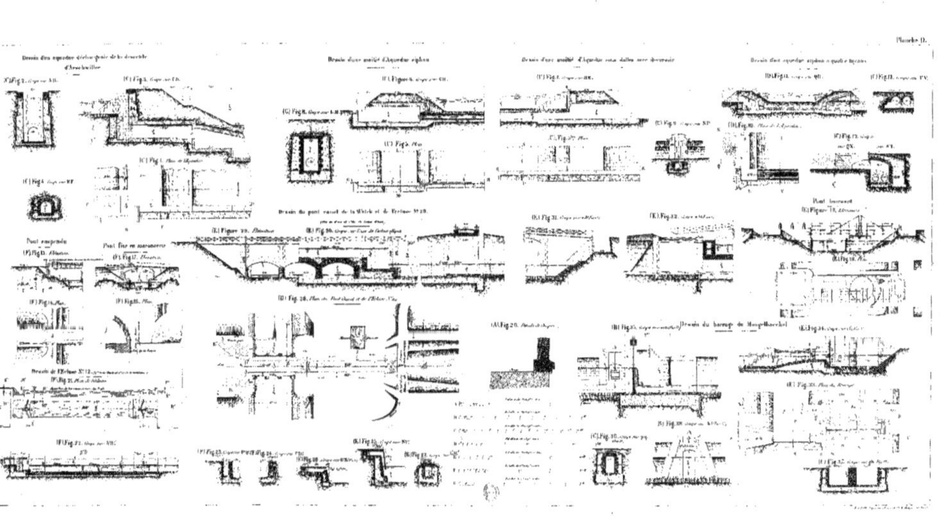

Planche C.

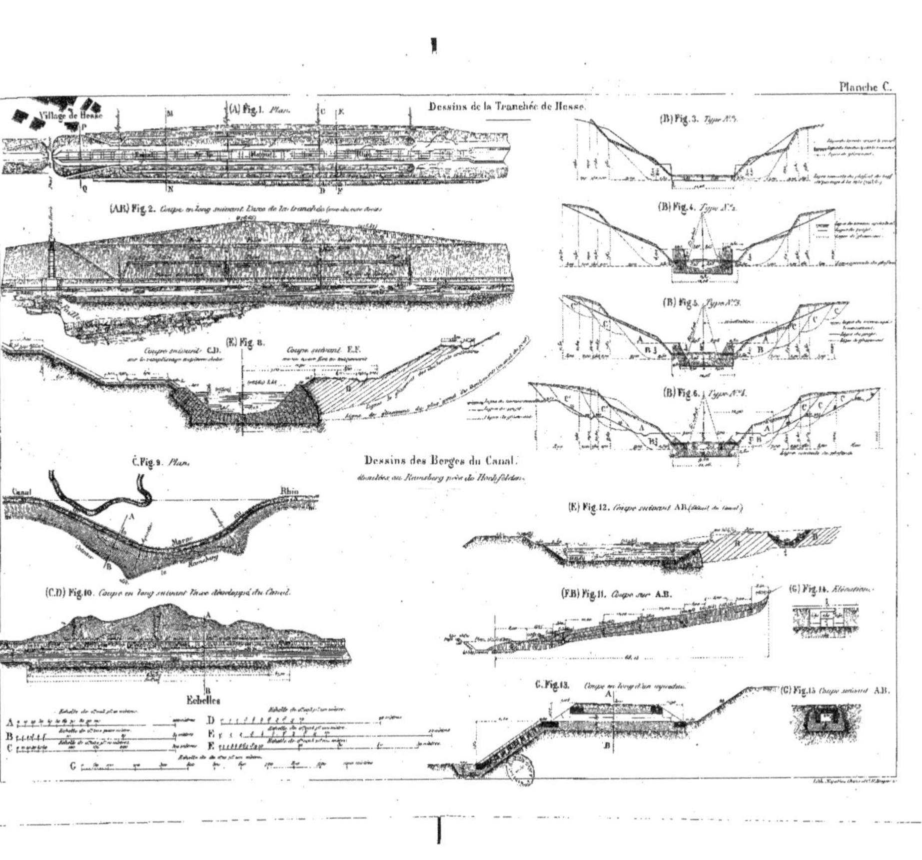

Dessins de la Tranchée de Hesse.
Village de Hesse
(A) Fig. 1. Plan.
(A.B) Fig. 2. Coupe en long suivant l'axe de la tranchée
(E) Fig. 8.
Coupe suivant C.D.
Coupe suivant E.F.
(B) Fig. 3. Type N° 1.
(B) Fig. 4. Type N° 2.
(B) Fig. 5. Type N° 3.
(B) Fig. 6. Type N° 4.
C. Fig. 9. Plan.
Canal
Rhin
Dessins des Berges du Canal.
(C.D) Fig. 10. Coupe en long suivant l'axe développé du Canal.
(E) Fig. 12. Coupe suivant A.B.
(F.B) Fig. 11. Coupe sur A.B.
(G) Fig. 14. Elévation.
C. Fig. 13. Coupe en long d'un aqueduc.
(G) Fig. 15 Coupe suivant A.B.
Echelles

Planche E.

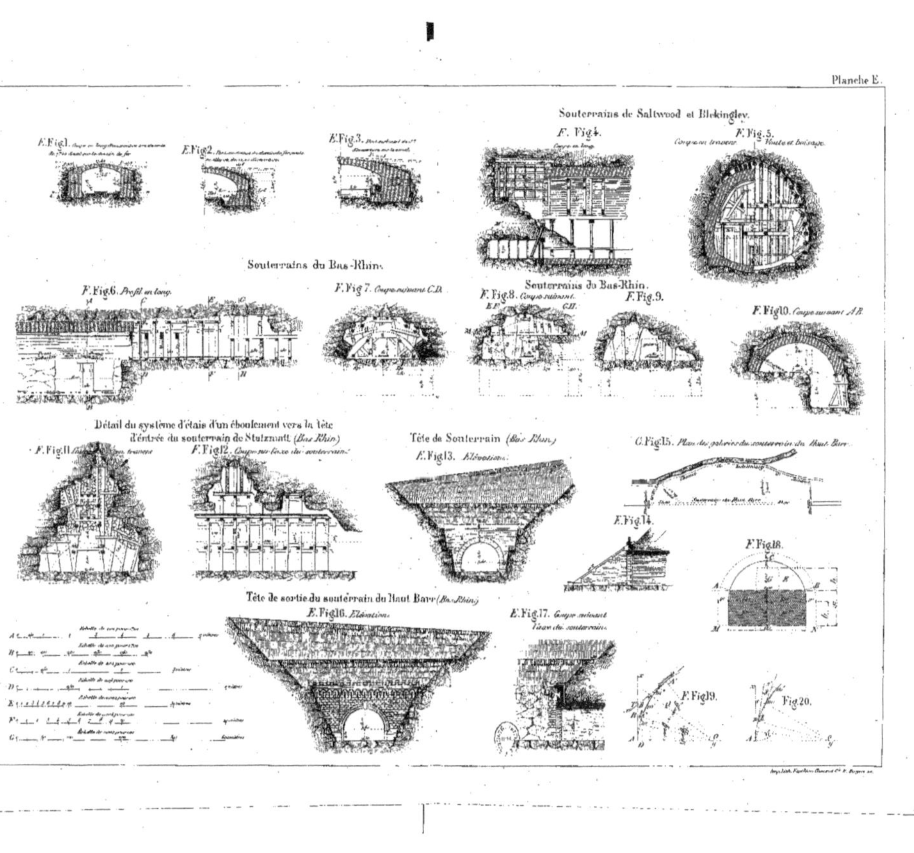

Souterrains de Saltwood et Blekingley.
F. Fig.1.
F. Fig.2.
F. Fig.3.
F. Fig.4.
F. Fig.5.
Souterrains du Bas-Rhin.
F. Fig.6. Profil en long.
F. Fig.7. Coupe suivant C.D.
Souterrains du Bas-Rhin.
F. Fig.8.
F. Fig.9.
F. Fig.10. Coupe suivant A.B.
Détail du système d'étais d'un éboulement vers la tête d'entrée du souterrain de Stutzmatt (Bas Rhin)
F. Fig.11.
F. Fig.12. Coupe sur l'axe du souterrain.
Tête de Souterrain (Bas Rhin)
E. Fig.13. Élévation.
G. Fig.15. Plan des galeries du souterrain du Haut Barr.
F. Fig.14.
F. Fig.18.
Tête de sortie du souterrain du Haut Barr (Bas-Rhin)
E. Fig.16. Élévation.
E. Fig.17. Coupe suivant l'axe du souterrain.
F. Fig.19.
Fig.20.

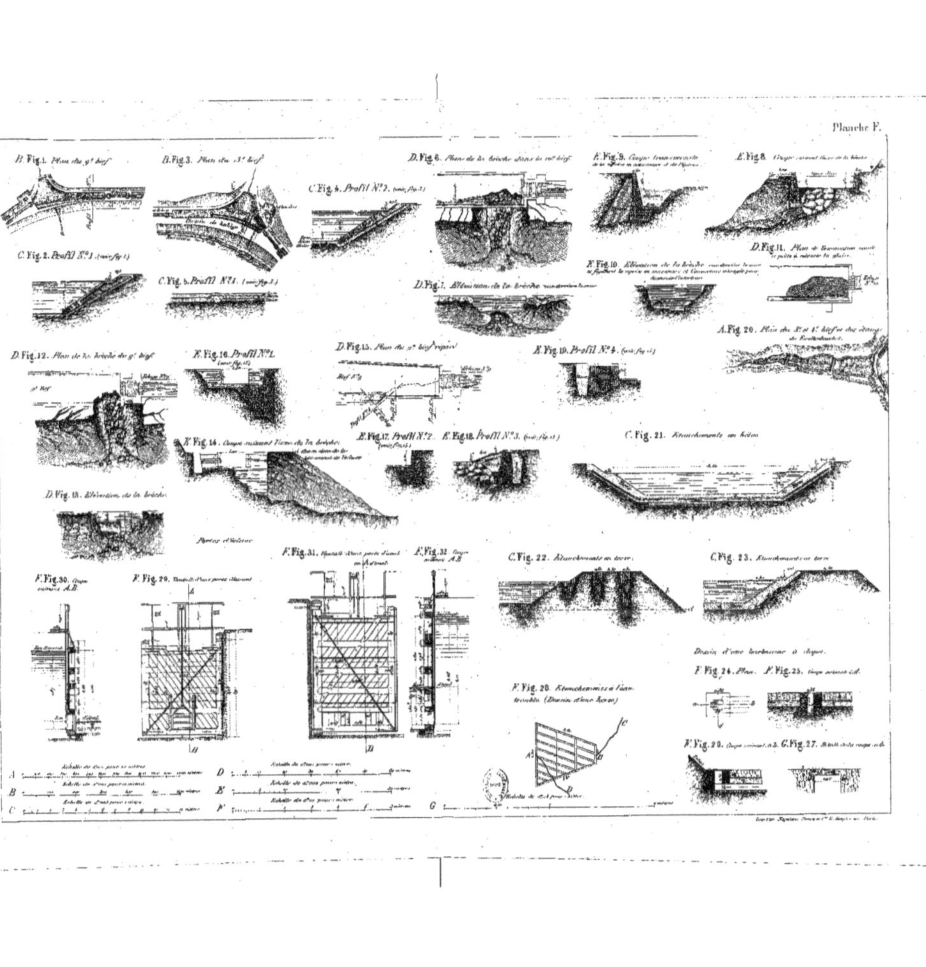
Planche F.

www.ingramcontent.com/pod-product-compliance
Lightning Source LLC
LaVergne TN
LVHW010333230826
846091LV00009B/3847

* 9 7 8 2 0 1 9 9 1 3 7 0 0 *